AF373768

LÉONCE LAGARDE

MORT ÉLÈVE DE QUATRIÈME

AU PETIT SÉMINAIRE DE FELLETIN

LE 28 JANVIER 1880

TOURS

IMPRIMERIE PAUL BOUSEREZ

5, RUE DE LUCÉ, 5

LÉONCE LAGARDE

MORT ÉLÈVE DE QUATRIÈME

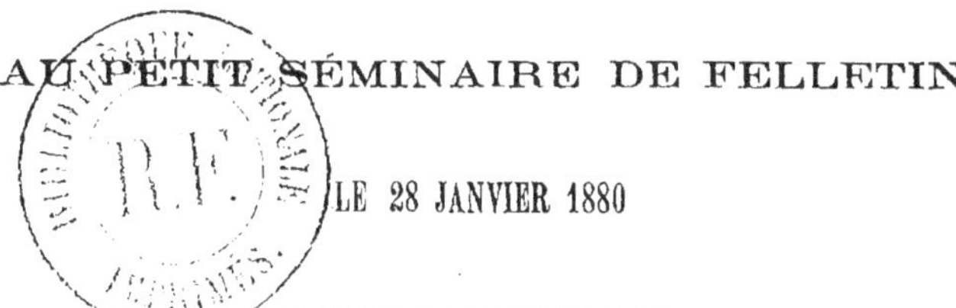

AU PETIT SÉMINAIRE DE FELLETIN

LE 28 JANVIER 1880

I

Léonce-Léonard Lagarde, baptisé à Saint-Laurent-sur-Gorre, le 28 mai 1866, avait treize ans accomplis, lorsque, le 16 octobre 1879, il nous arriva comme élève. La pensée de venir le ravissait ; il aimait déjà son grâcieux costume d'enfant de Felletin, et il lui tardait de le revêtir. Nous voyons encore son regard limpide et vif où respirait la joie, lorsque, le soir, il se présenta. Sa lettre à sa mère, dès le lendemain, est pleine de ce sentiment. Il raconte les petits détails du voyage et des premières heures de la vie de collége, et, avec la naïveté qui était un des traits de son caractère : « J'ai très-bien dormi, dit-il, car j'ai un bon lit, qui est à côté de la muraille, et de très-jolis rideaux. »

Son imagination vive ne tarda pas à envisager, à exagérer des côtés moins riants de la situation. Les débuts de l'année scolaire furent très-particulièrement pénibles à nos enfants. Durant les premières semaines il fut presque impossible de trouver un beau jour. La cour était humide, le temps sombre, les récréations et les promenades difficiles à animer. L'ennui planait sur toute notre petite famille; les anciens mêmes n'y échappaient point. Une circonstance augmenta le poids de ce malaise pour Léonce. On avait célébré, à l'occasion du mariage de sa seconde sœur, une fête de famille à laquelle, vu la distance et par égard pour ses études, il ne fut pas appelé. Il avait accepté ou subi cette privation; mais, un matin, trompant la vigilance de ses maîtres et n'écoutant que l'ennui, il partit et, le chemin de fer aidant, ne put être arrêté à temps.

Cette étourderie devait tourner à bien et servir de leçon. A peine arrivé, le petit fugitif sentit le vice de sa situation, il en eut profondément honte. Le bon sens et le cœur l'inspirèrent à leur tour ; il prit pour intercesseur l'excellent curé de sa paroisse, lui dicta par son repentir une lettre qu'il contre-signa en quelque sorte en écrivant lui-même un petit mot bien sincère à M. le Supérieur, et s'adressa à son professeur, dont il savait l'affection. Il fut convenu que cette exclusion volontaire n'entraînerait point de suite, et Léonce nous revint, promettant « de ne nous donner désormais que de la joie. » Pauvre enfant! il ne savait pas quel amer chagrin, sans le vouloir, il nous mettrait au cœur.

En attendant, et autant qu'il dépendait de lui, il avait dit vrai; il s'étudia à ne nous donner que de la joie. Sa nature, M. le Curé de Saint-Laurent en nous le désignant pour la Quatrième nous en avait averti, avait des répugnances et parfois des découragements en face du travail. Analysant cette disposition avec le premier guide de ses études, au jour de notre douleur, nous convenions qu'elle était probablement plus physique que coupable, et qu'il fallait chercher dans une constitution où germait la cruelle maladie, cause de sa mort, l'explication de ses petites défaillances. Déjà, du reste, à l'école de son bon curé, une parole sérieuse, un reproche suffisaient à ranimer ses efforts; il souffrait, il regimbait un peu, puis doucement, simplement, il revenait.

Mais, au collége, il lutta vaillamment. A partir de

novembre, toutes ses lettres portent la préoccupation très-accentuée de ses progrès. Il note avec soin ses places, avoue ingénument ses échecs, constate ses succès, en promet de meilleurs. Il demande instamment à sa mère à prendre des répétitions au prix, s'il le faut, des sacrifices qu'elle pourra exiger; l'étude du grec et des vers latins fait surtout son tourment. Pourtant, dans sa lettre du 9 janvier, il fait entendre un petit mot de triomphe : « J'ai été 13ᵉ en thème grec sur 24, et c'est la première fois que j'en fais. » Puis il ajoute : « On va bientôt passer l'examen du trimestre; je ne sais s'il sera bon pour moi. Il faut bien l'espérer. » Cher petit! c'était sa dernière lettre, et, au jour où ses condisciples termineraient cet examen redouté, il devait paraître, lui, au tribunal de Notre-Seigneur pour l'examen de sa courte vie, et, nous n'en doutons pas, y obtenir une *bonne note.* En attendant il était devenu, quand il tomba malade, un des élèves les plus studieux de la classe, et le professeur avait, depuis quelques jours, presque à modérer son ardeur.

S'il y avait eu quelque ombre sur l'application de Léonce Lagarde au travail, il n'en exista jamais sur cette disposition à la piété qui, dans une certaine mesure surtout, est une grâce accordée à peu de privilégiés seulement : « Je ne sais, nous a souvent répété sa tendre mère, comment il a appris sa prière, il l'a toujours sue, » et jusque dans son délire, il s'étonnait que quelques-uns de ses condisciples la dissent imparfaitement. Arrivé à ce point de notre récit, nous passons avec une religieuse émotion la plume au prêtre vénéré qui fut un ami, un guide, un tendre père pour notre cher élève. Les lignes suivantes, qu'il a bien voulu écrire à notre demande, seront la perle de cette notice dont nous nous applaudirions encore d'avoir eu l'inspiration, ne dût-elle servir qu'à les enchâsser.

« Dès son jeune âge, notre cher petit Léonce fréquenta le catéchisme. Il n'avait pas six ans qu'on le voyait y venir chaque jour, malgré l'heure matinale et le froid de la saison. Drapé dans son petit manteau, il arrivait souvent en retard. Trop petit pour atteindre le loquet de la porte, il avait recours, pour se faire ouvrir, à la complaisance des voisins, et mettait, dans sa demande, tant d'ingénuité qu'on s'empressait de le contenter. Le bon M. Ruynaud, qui l'aimait, l'appelait son petit Poucet et le mettait debout sur une chaise. Il le fallait, pour que l'enfant eût la tête au niveau de celles de ses camarades. C'était de là qu'il écoutait, car ce qui menait Léonce au catéchisme, c'était le secret plaisir d'entendre les choses du bon Dieu.

« Il aimait, en effet, les choses de la vie surnaturelle, et c'est la seule étude qu'il n'ait jamais négligée. Trouvant parfois et les devoirs trop longs et les leçons trop difficiles, il sut toujours parfaitement le catéchisme, et jamais on ne l'a vu se distraire pendant cette leçon. Nous l'y avons gardé quatre ans, avant et après sa première communion, sans qu'il ait jamais cru savoir assez les choses de la foi. Il puisait dans cette connaissance la réponse aux difficultés qu'on lui proposait et la force pour lutter contre lui-même. C'était à lui qu'on faisait les questions embarrassantes, et le savoir du petit théologien était rarement en défaut.

Un peu avant onze ans, Léonce fut admis à la première communion. Contraire aux usages de la paroisse, cette exception en sa faveur n'étonna personne. Un mois avant le grand jour il fut averti de la venue de Notre-Seigneur, et dès lors tout le monde remarqua les assiduités de cet enfant à l'église. Lui qui, au milieu de la rue, parlait à tout le monde et que tout le monde attirait, ne connut plus que trois maisons : celle de sa famille, le presbytère et l'église.

Sérieusement préparée, la première communion de Léonce fut bien faite; les fruits disent la qualité de l'arbre. Ce jour-là, d'ailleurs, tout le monde fut frappé et édifié de son attitude, de son regard, de sa physiono-

mie; tout cela avait un je ne sais quoi qui n'était pas
de la terre. Ce fut lui qui, le soir, après la rénovation
des promesses baptismales, à genoux devant l'autel de
la sainte Vierge, récita la formule de consécration : il
suppliait Marie d'être, dans tous les cœurs d'enfants, la
gardienne de Jésus. Puis de sa jolie petite voix, plus
vibrante, plus sympathique que de coutume, tremblante
ce jour-là et pleine d'émotion, il chantait les strophes
du cantique : *O ma Reine, ô Vierge Marie.* Tous les
autres enfants répétaient le refrain. Dans l'église bien
pleine, toute l'assistance était suspendue aux lèvres de
l'enfant, et on priait avec lui quand on l'entendait dire :
Je vous donne mon corps, mon âme, aujourd'hui pour
jamais... Je vous donne toutes mes larmes... Ce jour-là
le pauvre petit demanda au bon Dieu bien des choses;
il demanda surtout de mourir en la grâce de sa première communion, s'il devait plus tard ne pas persé-
vérer. Cette prière est-elle la cause de notre deuil? C'est
le secret de Dieu; mais elle est, à coup sûr, une cause
bien légitime de nos espérances.

« Les habitudes pieuses ne cessèrent pas après la première communion. Alors, comme auparavant, il aima à
venir bien souvent à l'église. Il n'était pas rare de l'y
rencontrer tout seul, à l'une de ces heures où l'église
est déserte, à genoux devant l'autel ou caché dans
l'angle d'un pilier, faisant le chemin de la Croix, réci-
tant le chapelet, empruntant à un livre des sentiments
et des prières. Dans cette solitude où on le surprenait
souvent, c'était vraiment un petit ange. Et lui qui, aux
offices publics, quand il servait à l'autel, tournait facile-
ment la tête et se laissait distraire au point de mériter
des reproches, demeurait immobile, recueilli, absorbé,
quand il avait ou croyait avoir ainsi Notre-Seigneur
Jésus-Christ pour lui tout seul.

« Quand, à la sainte table, Léonce eut goûté combien
le Seigneur est doux, il demanda à y revenir souvent.
Il sentait, en même temps que sa faiblesse, le besoin de

se soutenir. Dans ses luttes, ses difficultés, il appelait à lui le Dieu de l'eucharistie ; si, dans la semaine, il se laissait vaincre, ce qui arrivait quelquefois, par la vivacité du caractère ou par le dégoût du travail, on le trouvait, le samedi soir, auprès du confessionnal, et le dimanche à la sainte table. Ce n'est pas à dire que, le lundi suivant, tout fût bien ; mais avec Notre-Seigneur qu'il avait reçu l'enfant ne se découragea presque jamais.

« Il communiait pour lui-même, il communiait aussi pour les défunts. Un an après sa première communion, il perdit son père, et fut atterré de ce coup, auquel sa jeunesse ne s'attendait pas. La douleur de ce pauvre enfant faisait pitié ; un mois après ce malheur il avait encore les yeux tout humides et les paupières gonflées.

« Mais les sanglots ne lui firent pas oublier la prière. A tous les services célébrés, à toutes les messes dites pour son bien-aimé défunt, Léonce ne manqua jamais de communier ; et la veille de son départ pour Felletin, après avoir fait son action de grâces devant l'autel, il monta la continuer au cimetière, sur la tombe de son père, à cette place où trois mois après il est venu reposer... »

Voici quelques détails encore. Il aimait tant les chants religieux qu'il en avait formé un recueil de sa main. Il y avait à Saint-Laurent une bonne dame qui savait d'anciens noëls ; il aimait à la voir venir les soirs d'hiver, allait souvent appeler « sa bonne vieille », comme il disait, et se les faisait apprendre. On le vit, à certaines réunions en l'honneur de l'enfant Jésus, chanter seul avec cette pieuse femme quelques-uns des cantiques du temps. Il y avait peut-être de légers sourires dans l'auditoire à la nouveauté du spectacle, mais il ne s'en troublait pas, et, au fond, on était édifié.

Il n'est pas étonnant qu'avec ces dispositions, notre Léonce se sentît de bonne heure attiré au service de l'autel. Il avait à peine neuf ans quand, de lui-même, il se présenta à M. le Curé pour lui servir d'enfant de chœur. Quand il eut obtenu une réponse favorable, sa joie fut grande, et il était difficile de l'éloigner du saint temple, tant qu'il y avait une ornementation à préparer, une fonction à remplir. Il se donna beaucoup de mal avec un de ses camarades, devenu son condisciple à Felletin, pendant la période de restauration de la vieille église, et ses lettres nous le montrent s'intéressant à la suite des travaux. « Et en vérité, nous disait, les larmes aux yeux, le bon curé, si on aime ce qui a coûté de la peine, il n'est pas étonnant qu'il aimât cette église. »

Nous l'avons retrouvé ici ce qu'il s'était montré à Saint-Laurent. Son titre d'enfant de chœur lui avait été continué, et ce fut un des bonheurs de son court séjour. Quand, pour punir sa petite évasion, M. le Supérieur l'eut privé de ses beaux insignes de clerc, — et le connaissant déjà, il pensa que ce châtiment serait un des plus cuisants, — il vint en larmes réclamer qu'on lui rendît son privilége, et il lui fut rendu. Interrogé par Monseigneur, l'année de sa confirmation, quelque temps après la première communion, comme l'un des plus petits, il avait répondu, les bras croisés, avec un tel aplomb, que Monseigneur, de ce ton paternel et approbateur si connu, s'était écrié : « Ah ! vraiment ! voilà un petit prédicateur ! » Le petit prédicateur du catéchisme de Saint-Laurent donnait au collége un soin particulier à l'enseignement religieux, et déjà, à l'examen spécial sur cette matière, il avait mérité la note très-bien. Il est inutile de dire qu'il conserva ici son attrait pour la sainte communion ; il la faisait régulièrement tous les huit jours.

Tel était l'enfant que la Providence avait confié à nos soins, et dont nous avons à raconter maintenant la fin prématurée. Émue à ce spectacle de la vie moissonnée en sa fleur, l'âme retrouve naturellement la touchante image de la poésie antique :

Purpureus veluti quum flos succisus aratro
Languescit moriens, lassove papavera collo
Demisere caput, pluviâ quum forte gravantur (1).

Mais ces images ne suffisent point au prêtre, et ce qu'il nous convient de chercher encore dans la mort de notre enfant, comme nous l'avons fait dans sa vie, puisque Dieu le veut, c'est l'exemple qui édifie, un souvenir qui soit pour tous la meilleure, la seule consolation possible.

II.

Léonce n'avait eu aucun pressentiment du coup qui allait le frapper. L'hiver lui avait été rigoureux, comme à tout le monde; ses mains endolories réclamèrent quelques soins, il souffrait assez souvent de la tête, mais en fit très-rarement la confidence ailleurs que dans ses lettres, et, en somme, la santé était bonne.

Le 18 janvier, fête du saint Nom de Jésus, et, pour nous, de la Congrégation des Saints-Anges et de la Sainte-Enfance, il suivit sans aucun signe de fatigue tous les exercices de la journée, communia le matin et assista le soir à la bénédiction des enfants qui fait partie du programme de cette fête. Ainsi, la dernière solennité religieuse de la terre pour ce cher petit se trouva être une des plus douces fêtes du Sauveur, une fête des anges, une fête de l'enfance, son dernier jour de santé, un jour de communion. Qui pourrait méconnaître ici une coïncidence providentielle? Quel jour eût pu être mieux choisi pour un adieu à la vie du collége?

Dans la nuit, des vomissements se déclarèrent; quand, le lendemain, le malade fut porté à l'infirmerie, il était

(1) Virg. *Enéide*, IX, 435. Telle, parée tout à l'heure des couleurs de la vie, une fleur blessée par la charrue languit, se fane et meurt; tel sur sa tige affaissée, le pavot penche appesanti, quand les pluies ont battu sa tête.

déjà tout défait. La fièvre s'alluma, intense, accompa-
gnée de maux de tête violents, avec douleur au côté
gauche. Un autre médecin expérimenté fut appelé, le jour
même, en consultation avec celui de la maison, et, dès
le lendemain, la science prononçait son verdict : Léonce
était atteint d'une méningite. Accourue sur une dépêche,
la mère du petit malade venait unir ses soins à ceux des
bonnes religieuses, sa sollicitude à celle des maîtres de
son fils. Ce que furent cette sollicitude et ces soins, ce
n'est point à nous à le redire ; mais qu'il nous soit
permis de recueillir ce cri d'un cœur de mère au jour
de son deuil : « Mon fils est venu à Felletin, il n'y est
resté que peu de temps, il y est mort... Je suis contente
pourtant qu'il y soit venu. S'il eût pu vivre, tant de soins
et de prières l'auraient sauvé. » Il y a des témoignages
qui sont plus qu'un bonheur pour une maison : ils con-
solent un peu de grands chagrins et adoucissent des
larmes bien amères.

La science avait trop clairement annoncé sa défaite
pour que nous ne sentissions point le besoin de trans-
porter la lutte sur le terrain de la foi. La maison tout
entière se jeta avec une ardeur touchante dans la mêlée
dont le triomphe était la vie d'un enfant aimé, d'un
condisciple. Plusieurs promesses furent faites en vue de
la guérison, chaque matin de nombreuses communions
étaient offertes. Aux pieds de la statue de Notre-Dame
de Lourdes, exposée à la chapelle, on organisa un assaut
de prières tout le long du jour. On priait à la sainte
messe, on priait dans les classes, on priait en ville, on
priait à Saint-Laurent : « Avec vous, écrivait M. le Curé,
nous nous adressons tous à Notre-Dame de Lourdes,
nous prions tous. Nos petits enfants du catéchisme,
camarades plus jeunes du petit malade, prient de la voix
et du cœur ; les yeux sont rouges. Un mot rassurant,
des nouvelles meilleures nous soulageraient tous. La
sainte Vierge voudra-t-elle ? Il me semble que, de grand
cœur, j'irais la remercier à Lourdes avec le malade
guéri et sa mère. »

Il nous semblait, il semblait à la pauvre mère qu'une grâce extraordinaire de guérison répondrait à tant de vœux; la lecture au réfectoire de quelques-unes des merveilles opérées par Notre-Dame de Lourdes stimulait la foi; on espérait... contre l'espérance, car la maladie suivait son cours. Mais avant de nous enlever cette âme que nous lui disputions, elle allait achever de nous la révéler. On sait qu'un des sinistres effets de la méningite, c'est d'égarer l'intelligence, de troubler la raison en frappant son organe le plus immédiat, le cerveau. Il y eut donc souvent et il devait y avoir des résistances inconscientes, des impatiences et des vivacités qui, naturelles au caractère, s'accentuaient davantage encore sous l'action de la maladie. Mais, chose touchante, durant une agonie de huit jours, durant les alternatives et les mélanges constants de raison et de délire propres à cette affection, cette jeune âme resta presque toujours fidèle à elle-même; et dans ses moments de lucidité, comme dans ses écarts, se photographia, pour ainsi dire, dans nos cœurs avec les traits déjà esquissés par sa vie, et maintenant ineffaçables sous le burin de la mort.

Naïveté et candeur de l'enfance! Jusque dans les égarements du délire, il lui échappait de ces réparties qui provoquaient le sourire. Comme il se faisait plus jeune que son âge pour sa mère, comme il la calinait, comme il s'attachait à elle et recherchait ses caresses! Comme il voulait qu'elle fût contente de lui et réclamait un témoignage de satisfaction! « Ai-je été bien sage? Tu diras bien que j'ai été sage? » Telle était sa grande ambition, après des nuits douloureuses où il avait conscience d'avoir essayé de dominer, par ses efforts, une agitation indépendante de sa volonté.

Affectueuses démonstrations. Comme il appela sa mère d'abord, puis ses deux beaux-frères, venus avec un empressement admirable à son chevet de douleur, et son frère, qui devait recueillir son dernier soupir! Combien de fois il nomma ses sœurs... Maria!.. Zélie!..

et son petit neveu Gaston!.. Il avait avec ce monde absent les plus doux colloques, il croyait leur rendre les plus dédicates attentions. Et la bonne religieuse qui le soignait, comme il la réclamait dans ses souffrances et lorsqu'on le contrariait! « O chère sœur! » Comme il avait confiance en elle!... Et M. le Curé de Saint-Laurent, cet ami paternel de son enfance! et ses camarades de maintenant et d'autrefois!

Préoccupations de l'enfant appliqué. Il était sans cesse à ses études; on l'entendait réciter ses leçons, s'inquiéter d'avoir de bonnes notes, il comptait ses places, prenait souci de ses livres, suivait la correction de ses devoirs.

Délicatesse de l'obéissance et de la soumission filiale du bon élève. Il suffisait très-souvent, au plus fort d'une crise de résistance, de lui affirmer le désir de M. le Supérieur, pour obtenir un sacrifice. Il en appelait à son autorité quand il se croyait tourmenté par les personnes qui lui donnaient leurs soins. Combien de fois, dans ces besoins de s'en aller, de s'habiller, dont le fatiguait le délire, il leva vers lui sa petite main pour en solliciter la permission. Un jour, en s'ébattant, et ne sachant qui était près de lui, il lui arriva de l'atteindre légèrement : à l'instant même il le reconnaît, s'élance à son cou en sanglotant, et le conjure longtemps, avec larmes, de le pardonner, protestant qu'il n'a pas su ce qu'il faisait. Tout le monde a remarqué avec quelle expansion il accueillait et discernait, parmi tous ses maîtres, son professeur de classe.

Mais surtout, charmantes ardeurs de la piété. Quand, le troisième jour de sa maladie, une rémission providentielle de quelques instants permit de songer aux secours de la religion, il en accueillit la proposition avec empressement, et, environné des condisciples de sa classe, les reçut avec foi et piété, ouvrant ses lèvres avec un saint désir au divin Visiteur, tendant ses mains aux onctions.

Les invocations pieuses ne tarissaient pas sur ses lèvres, et plus il souffrait, plus il priait. Quels beaux et solennels signes de croix il traçait sur lui-même ! Que de touchantes aspirations à Jésus, à Marie ! Souvent, dans son délire, il chantait les hymnes et les psaumes de la liturgie. La dernière nuit de sa vie, haletant, n'en pouvant plus, il redit plusieurs cantiques, ces strophes entre autres, si connues et si bien de circonstance :

> Hélas ! quelle douleur !
>
> . . . .
>
> Vœux superflus,
> Beaux jours perdus,
> Vous ne serez plus.
> La mort déjà me suit,
> O triste nuit,
> Déjà je succombe.
>
> . . . .
>
> Si jeune encor ,
> Quel funeste sort !

Puis de cette belle voix d'enfant qui avait déjà fait et dont nous comptions faire un ornement de nos fêtes, il entonna et poursuivit le *Magnificat*. C'était touchant et on était navré.

Ajoutons que, pendant ces longs jours et ces longues nuits où l'âme était impuissante à se contenir par l'étude et la raison, et se livrait en quelque sorte à son insu, pas un mot, pas un geste ne dénota qu'elle eût subi l'empreinte des images mauvaises. La sainte pudeur y avait, au contraire, établi un empire si incontesté, que ses lois y restaient à l'état de souci plein de délicatesse dans les moindres détails , alors même qu'elle semblait incapable de se préoccuper et de diriger les membres qu'elle animait encore.

L'heure approchait où nous saurions que nous ne devions pas être exaucés comme nous le demandions. Depuis le jeudi, la méningite s'était compliquée d'une

tuberculisation aux poumons ; le pauvre enfant en était
à ne pouvoir respirer qu'à peine ; toute la nuit du mardi
au mercredi il étouffa. Nous étions au dernier jour de
notre neuvaine ; de nouvelles et pressantes instances à
Marie avaient été faites le matin même, et M. le Supérieur venait d'offrir pour la neuvième fois le saint Sacrifice en faveur du malade. Vers huit heures, il s'était
éloigné depuis quelques minutes quand on le rappelle
en hâte ; en un instant la dernière crise était arrivée. Il
put redire aux oreilles du petit moribond les noms de
Jésus et de Marie, humecter une dernière fois ses
lèvres et son front de cette eau sainte de Lourdes que,
depuis huit jours, la foi de la mère mêlait à tous ses
breuvages. Et levant les yeux au ciel, portant les
saintes livrées du scapulaire, qu'il avait réclamées jadis,
les ayant oubliées à Saint-Laurent, notre Léonce, sous
une bénédiction suprême qui fut un pardon, sous les
baisers de sa mère et de son frère, rendit son âme à
Dieu.

C'était la veille d'une des fêtes patronales de la maison, saint François de Sales. L'Église faisait ce jour-là
mémoire, pour la seconde fois, de sainte Agnès, l'épouse
innocente de Jésus-Christ, une enfant de treize ans, elle
aussi. C'est en sa fête du 21 janvier, huit jours auparavant, que Léonce avait reçu, pour la dernière fois, le
Dieu de son adolescence, et il semblait qu'elle vînt, en
cette seconde fête, l'inviter à en célébrer l'octave avec
elle dans les cieux.

Dès que les yeux eurent été pieusement fermés, M. le
Supérieur, aidé des bonnes sœurs et du professeur de
l'enfant, le vêtit affectueusement comme pour une fête.
On vint tout le jour prier près de ces restes ; et quand,
le soir venu, il fallut les confier au cercueil, tous ceux
qui étaient là remarquèrent comment le visage, un
moment fatigué par la souffrance, était devenu calme,
radieux et souriant. C'était, à l'heure des adieux, comme
un reflet de la joie du paradis.

Le corps de Léonce Lagarde fut emporté dans sa paroisse, où il repose auprès de son père. L'affection du collége le suivit, et ayant rendu l'âme à la patrie du ciel, voulut remettre le corps à la patrie d'ici-bas. M. le Supérieur et le professeur de classe firent, avec la mère et le frère, ce pèlerinage de la tombe. Durant une partie du voyage, le cercueil était là, sous leurs yeux, et il leur semblait qu'il en sortait un parfum de joie surnaturelle et de paix divine comme au contact des saints.

La paroisse de Saint-Laurent se montra pieusement émue. Le vénérable curé qui avait tant aimé Léonce, nous l'avait tant recommandé, avait fondé sur lui de si sacerdotales espérances, et que Léonce aimait tant, ses lettres en font foi, avait l'âme pleine de deuil en revoyant, à travers les ombres de la mort, la petite brebis de son bercail, le disciple de sa parole, le clerc saintement assidu de son autel, l'auxiliaire recueilli de ses fonctions sacrées. Le clergé des environs, qui savait cette sympathie et avait connu ce jeune hôte du presbytère, était venu avec empressement; les élèves de l'école et les enfants de chœur, c'était leur droit, faisaient à leur frère aîné un cortége d'honneur; notre cher enfant allait à la tombe comme en un triomphe. Ses condisciples et son professeur de classe ont tenu à y déposer, écrite en lettres d'or sur le marbre, l'expression d'un souvenir qui ne s'effacera point.

Témoin de l'émotion de toute une maison, où il était encore si peu connu, autour de sa couche de douleur, et de l'émotion de toute une paroisse autour de son cercueil, vaincu avant tous par cet attendrissement au point d'en avoir reçu au cœur une de ces blessures qui ne se ferment pas, nous nous sommes demandé le secret de cet attendrissement et de ces émotions. Ce que nous avons entendu, ce que nous avons vu, nous le fait trouver dans cette parole du Saint-Esprit : *placens Deo, factus est dilectus;* il sut plaire à Dieu, et fut bien aimé.

Ajoutons avec le saint livre expliquant ces morts prématurées qui nous attristent et nous étonnent : « Dieu l'a ravi parce qu'il ne voulait pas laisser au mal le temps de changer ses pensées, et aux illusions le moyen de le séduire. Sa vie fut courte, mais elle équivaut à de longues années. Son âme avait charmé le cœur de Dieu, voilà pourquoi il s'est hâté de l'arracher du milieu où on l'offense ». Circonstance touchante que Dieu semble avoir ménagée pour confirmer notre interprétation : à la dernière instruction qu'entendit Léonce, le dimanche soir, M. le Supérieur s'était attaché à dépeindre à ses enfants les dangers auxquels ils étaient exposés par les priviléges même de leur éducation. Quelques heures plus tard, presque au sortir de l'enceinte où il venait d'être averti sur ces dangers, Léonce était frappé. Ce coup était, nous le croyons, un fruit douloureux sans doute, mais affectueux, de la bénédiction destinée à les écarter.

Et puisque, non par témérité, ô mon Dieu, mais pour notre consolation et votre gloire, nous cherchons à entendre vos desseins, nous permettrez-vous de vous demander pourquoi, voulant sitôt cueillir cette fleur, vous l'avez auparavant transplantée pour quelques jours dans le parterre de votre mère, et à l'ombre de son autel? Ne serait-ce pas qu'il vous plût de clore la série des grâces de choix faites à cette âme en enveloppant la fin de son pèlerinage sur cette terre, dans l'auréole d'une maison d'éducation chrétienne? Ne serait-ce pas, que, vos décrets éternels ne lui ayant point réservé l'honneur du sacerdoce vers lequel elle semblait aspirer pourtant, vous avez tenu à lui conférer au moins comme des lettres d'adoption contresignées par l'auguste reine de l'eucharistie?

Puisse la couronne, objet des rêves de cet enfant, et dont vous aurez trouvé moyen de ne point le frustrer, vous qui avez récompensé dans les Saints Innocents le martyre qu'ils ne désirèrent pas, ne point sortir de sa famille! Puisse, de sa tombe, fleurir, à Saint-Laurent, pour le sanctuaire, un plant toujours jeune, toujours vivant, et de lis et de roses.

P. G. P.

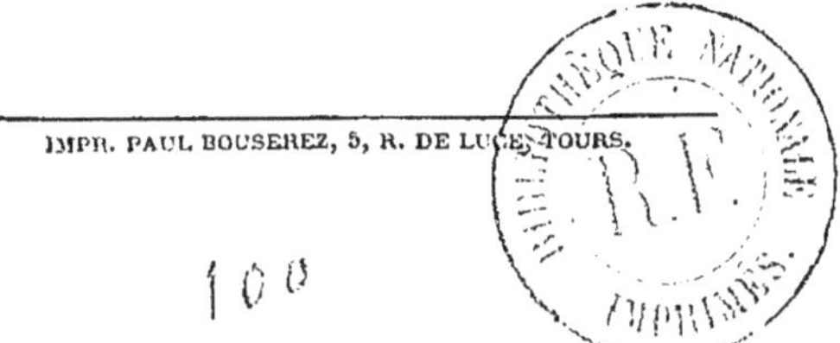

IMPR. PAUL BOUSEREZ, 5, R. DE LUCÉ, TOURS.

www.ingramcontent.com/pod-product-compliance
Lightning Source LLC
Chambersburg PA
CBHW071306130726
47998CB00003B/1356